この本を手に取ってくださり
ありがとうございます。
初めてのスタイルブック。
少しでも私のことを知ってもらえるよう
たくさんの方の力をお借りして
心を込めて作りました。

最後までじっくり
　　　楽しんでいただけますように…♡

井桁 弘恵
1997年2月3日生まれ
福岡県出身
O型
好きな食べ物は
やきとり！
座右の銘は
「死ぬこと以外はかすり傷」

ここからいげた

HIROE IGETA STYLE BOOK

CONTENTS

1

STYLE

ON

ちょっと背伸びして
新しい自分に

HIROE IGETA

MODE BLACK

HIROE IGETA   STYLING - ON

FEMININE PINK

HIROE IGETA   STYLING - ON

CLASSICAL RED

HIROE IGETA

HANDSOME WHITE

2
STYLE

OFF

ゆるっと
いつも通りの自分

HIROE IGETA

3

THINGS

LOVE

大好きなもの
詰め込みました♡

だ〜い好き。

特にお肉が大好物♡

いげた㊙！ 食の思い出エピソード

FOOD EPISODE !! 1 番好きな食べものは？

やきとり!!

『福岡だと1本70円とかで食べられて、高校生の時はお酒もいらないしコスパ最強だったのでよく食べていました！ 当初はもも、ねぎまとか定番のやきとりが好きだったけど、よく行くうちにせせりとか、ずりとかも好きになっていった！ つまりやきとりは学生時代からずっと大好き♡

FOOD EPISODE !! 今までの食事武勇伝を教えて!

ナンを13枚!
いちご100粒!!

『高校の近くにあったカレー屋さんで友達とナンを何枚食べられるかトライ！ 3枚目くらいでカレーがなくなったけど、粘って2人で13枚完食!! パスタとピザの食べ放題のお店に行ったり、いちご狩りでは100粒くらい食べたりもした!

FOOD EPISODE !! 学生時代によく食べていたもの!

やきとり! クレプ!!
肉まん! からあげ"!!

『高校生の時は、お家に帰ったら晩ごはんがあるのに、帰り道に肉まんとか唐揚げとかクレープを食べたり、ファストフード店に何時間も入り浸ったりしていました！

食べる事が

焼いていくぅ〜！

HIROE IGETA

01
IGETA'S LOVE
DOING

BBQ

こ〜んな気持ちのいいロケーションで
お肉を食べられるなんて最高……！

動きやすくてかわいい
BBQコーデだよ！

TODAY'S COORDINATE

Hat / 母のおさがり
Tops / GAP
Overalls / PAYDAY
Sneakers / CONVERSE

きれいに並べて……

おいしく火が焼けろ〜！

焼いて

焼いて……

待ち。

取り皿持ってこよ〜っと。

※まだ焼けてません。

ん〜！

ぜったいおいしい！

NIKU・NIKU・NIKU！

※まだ焼けてません。

つまみ食いの域を超えたつまみ食い。

おなか減りすぎた。

パンつまみ食い……

じゃなくて味見！

かんせ～い!

アヒージョ ajillo!

お肉&お野菜♡

meat & Vegetables

実は焼けるまで遊んでいた人。

くぅ～!
うま～～!!

取り分けていくぅ～!

実食

お肉やわらかい!!

おなかいっぱ～い!
ごちそうさまでした!

ごくごく♡

デザートも
しっかり食べました!

食後のひととき

お店えらび

高校生の時とは違った
ちょっとオトナなコーデ♡

—
TODAY'S COORDINATE

Cardigan / MAISON SPECIAL

Tops / SNIDEL

Skirt / MOUSSY

Loafers / GUCCI

あっ
おいしそ♡

高校生の時からハマっています。
とくに福岡のやきとりは格別♡

01
IGETA'S LOVE
EATING

YAKITORI!!

やきとり

すいませぇ〜ん！

注文

あれとこれと
それと…

いげた的

やきとり屋さんに
あったら頼んじゃうRANKING

1 **とりかわ** ╱
「東京でよく見る、ぷよぷよしてる柔らかい
ものより、福岡のカリッとしているのが好き！」

2 **せせり** ╱
「せせりって首なんですけど、柔らかさと脂の
バランスが絶妙なんですよ！」

3 **豚バラ** ╱
「福岡ではあるのが当たり前！ メニューの
一番目に書いてあるくらい。炭火で焼いて
いるから程よく脂も落ちて何本でもいける！」

4 **砂ずり** ╱
「砂ずりは肉厚で、歯応えあるのが大好き♡」

5 **あとはいろいろ！** ╱
「にんにくも好き。つくね、レバーとか……
酢もつもあったら頼んじゃうかも！」

ちなみに……
「博多ではキャベツの上にやきとりをのせて出
してくれるところが多いんです！ やきとりの
脂分を、キャベツでさっぱりさせる感じ！」

待ち

じ──。
(圧?)

まだかな〜?

酢もつ

いぶりがっこクリームチーズ

次、なに食べよ〜

ビールきた!

とりあえず、生!

ぐびぐび…

ぷはー!

うまか〜!!

実食

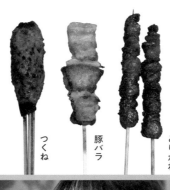

とまらん!!

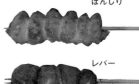

ぼんじり

レバー

つくね　豚バラ　とりかわ

YAKITORI LINE UP!

砂ずり　せせり

呑んで。

食べて。

カラッ。

YAKITORI!

01
IGETA'S LOVE
EATING

呑んでは

食べて。

ほろ酔いいげたの出来上がり。

やきとり最高♡

サワー グイ!

『ビールもサワーも日本酒も！
　　　実はお酒、好きっちゃん！』

LOVE OSAKE!!!

あちち〜！

ぬぐか！

髪もまとめた！

〜♪

もうね〜
みんな好きです

呑みます & 語ります。

「お酒は好き！ビールも、サワーも、日本酒もなんでも飲みますよ！すぐ顔に出ちゃうんで、そんなにたくさん飲まなくても酔っ払ってるみたいに見えちゃいます（笑）。普段は酔っぱらうと楽しくなって、ヘロヘロになって、ハッピーな気分になることが多いかなぁ〜？あ、でもなんか仕事がうまくいかなかった時とか、なにか反省点があるときにお酒を飲んで泣いたこともあります（笑）。でもね、ずーんと落ち込んだり、だらだら飲んだりはしない！

（〜〜〜〜〜〜〜♪）　あ〜私、お酒飲んでるときのクセとか今まで気にしたことなかったけど、好きな曲がかかってると歌っちゃうんですね！！あと、お友達によく言われるんですけど、お酒が入ると普段よりもさらにへろんへろんになってかわいくなっているらしいです（笑）……。」

『福岡、行きたかった〜。』

TOKUTOKU....

「このスタイルブックで福岡行きたかったな！おばあちゃんのお家とか、縁側があって、漫画とかに出てくるおばあちゃんちって感じで……。のどかで、うにが好きなんですよ〜。地元の海とか、美味しい食べ物とかも紹介したかったから、そこはリベンジしたいな！あとは、今回アンケートに協力してくださった大好きな方たちとも、なにか一緒にできたらいいなぁって思います！みなさん本当に大好きで、ステキな方ばっかりで……ぐすん……皆さんにはほんとにほんとうに感謝してもしきれないんです……！いつもありがとうございます！がんばります（笑）！」

西杏

涙。

酔いいげた
チェキ。

BYE BYE 〜〜〜〜!!

ほろ酔いさん、ご帰宅です！

ばいば〜い（笑）

おつかれ様でした。

INFOMATION　今回行ったお店はココ！

| BBQ | やきとり |

薬師グランピング BBQ

薬師池西公園の自然を感じながら手ぶらでバーベキューを簡単に楽しめます。自然に囲まれて味わう料理は格別!

町田薬師池公園四季彩の杜 西園
東京都町田市本町田 3105
https://www.nishien-market-bbq.com/

博多とりかわ長政 中野店

博多独特の製法で丁寧に巻き上げ、外はカリッと、中はジューシーに香ばしく仕上がっています！

東京都中野区中野 5 丁目 56-15
NK 店舗 1F
03-5942-8103

止まらない♡

いげたと
動物のあゆみ

子どものころから動物園やふれあい広場のようなところに行くのが好きで、いろんな動物を抱っこしまくっていました♡ 家で飼っていなかったから、遊びに行くのが本当に楽しみだったな〜。ちなみに虫や爬虫類も大好きです!

With DOG!

with LEMURCATTA!

With RABBIT

with HORSE!!

02
IGETA'S LOVE
ANIMAL 動物愛が

癒しをくれる大切な存在!

02
IGETA'S LOVE
ANIMAL

いげたと
マイクロブタ。
MICRO PIGS

3匹のゆかいなブタさんたちと遊んでみた♡

いげたが撮った!
マイクロブタの
BEST SHOT

3匹の子ブタさん
一緒に遊ぼ〜!

かわいいが大渋滞♡

やさしい抱っこに
ブタさんもウトウト…

あまりの愛らしさにうっとり…

ほら、お芋あげる!
って顔が近い〜（笑）

ギャー！ 逃げないで〜!

順番にあげるから
ちょっと待ってね〜!

シアーシャツ×デニムで
女っぽカジュアルに♡

おいし〜♡

いげた、ブタになる。

マイクロブタと遊んでみて

まだら模様の子は特に最初から懐いてくれたから、ずっと抱っこしちゃいました。ブタさんは口角が上がっていて、上を向くと笑っているように見えるんです！ それが本当にかわいくて、エサをあげながらじ〜っと見ちゃいました♡

—
TODAY'S COORDINATE

tops /	UNIQLO
shirt /	COCO DEAL
pants /	fifth
boots /	ZARA

INFORMATION

mipig cafe 原宿店

日本初のマイクロブタカフェ。絵本の世界に入り込んだようなお店でたくさんのブタさんと触れ合えます。

東京都渋谷区神宮前
1-15-4
03-6384-5899

いげたと
小動物たち。

SMALL ANIMALS

小さな動物たちと思う存分たわむれてみた♡

いげたが撮った！
フェネックの
BEST SHOT

眠そうな表情
たまらない…

顔マネ **COLLECTION**

FERRET

HAMSTER

MEERKAT

FENNEC

ふわふわで
きもちいい〜

—
TODAY'S COORDINATE
one-piece / Privève
boots / GEMMA LINN
—

ふわっと揺れるサイドのプリーツがお気に入り♡

この脱力感、
愛おしすぎる♡

小動物たちと
たわむれてみて

いろんな動物に触れ合って、骨の位置とか毛の質感とかそれぞれ全然違うんだな〜って感じられました！抱き心地も三者三様でとにかく癒された。今1番飼いたいのは、私の腕の中で特にリラックスしてくれたミーアキャット♡

INFORMATION

**原宿
かわいい動物園**

個性豊かで愛くるしい動物たちが集うお店。原宿らしいかわいい店内に気分上がること間違いなし。

—
東京都渋谷区神宮前
1-6-12 ITO ビル 3F
https://www.harinezumi
-cafe.com/doubutsuen/

いげたと
乗馬。
HORSE RIDING

大きな馬に乗って走ってみた♡

まずはお馬さんとの距離を縮めて…

装備を身に付けレッスンスタート!

真剣に説明を聞きます。

いってきま〜す!

慎重に馬にまたがって…

4

小さなポニーも
かわいかった♡

今日の相棒はめるくんです…

PONEY♡

TODAY'S COORDINATE

tops / LACOSTE

pants / UNIQLO

絶妙な配色が
お気に入りの乗馬スタイル!

姿勢が大事!

馬と
走ってみて

駆け足が本当に楽しかった! スピードを出すことは難しいって思ってたけど、挑戦してみてよかったな〜。時間が経つにつれて馬も私の動きを読み取ってくれて、お互いのリズムや気持ちがどんどん噛み合っていく感じが幸せでした♡

INFORMATION

八王子乗馬倶楽部

東京都八王子市丹木町 1-501
042-691-1915

広々とした馬場には約100頭もの馬が。自分のレベルに合わせて、安全なレッスンを楽しめます。

03
IGETA'S LOVE
SPORTS

小さい頃から
スポーツ大好き！

実は運動に自信アリ！

スウェット ¥9,790、スコート ¥7,590、ソックス ¥1,540、シューズ ¥7,150 ／ すべてルコックスポルティフ（デサントジャパン）
※服クレジットに値段のないものはすべて私物です。

いげたの運動神経にまつわるウ・ワ・サ♡

その**②** 中学の部活は陸上部!!

種目は短距離で100m、100mハードル、高跳びをやっていたよ! 高跳びでは、今まで飛べなかった高さを飛べたとき達成感を感じたなぁ。

その**①** 小さいころから
バレエ・水泳を習っていた!

バレエは姉の影響で3歳から12歳まで続けたよ! 水泳は小学4年生から、肺活量を鍛えるために母が習わせてくれました。バタフライは一応できたけど息苦しかった記憶。

その**④** 「仮面ライダーゼロワン」で
仮面ライダーバルキリーを演じた!

頑張るぞー!!

撮影前のアクション練習では、基本的な転がり方や銃の持ち方、銃を持った状態での走り方などを教わった! キレイに体を動かすことも大事だけど、役の感情も意識したら、より演技が楽しめた♡

その**③** 高校の部活はテニス部!
（しかも部長）

フォアハンドのストロークが得意。ダブルスは2人で声を掛け合って励まし合いながら戦うのが楽しかった! ちなみに高校では、体力テストの順位が校内の女子の中で2位だったんです!

LOVE GOLF♡

その**⑤** ゴルフが趣味です♡

ずっと打ちっぱなし止まりだったけど、大人になってみて初めてゴルフに挑戦。両親と一緒にコースを回れたときはすごく嬉しかった! いつか旅行先でのコースも回ってみたい!

得意なテニスをプレイしてみた！

久々でドキドキ♡

頑張るぞー‼

テニスウェア着て
気合い十分だー！

TODAY'S COORDINATE

Tops /	le coq sportif	¥6,490
Bottom /	le coq sportif	¥8,030
Socks /	le coq sportif	¥1,540
	すべてデサントジャパン	
Shoes /	YONEX	
Racket /	YONEX	

INFORMATION こちらでテニスしました！

A&A 西東京スポーツセンター
半世紀近く長きにわたって、スポーツと健康の拠点として
広い世代に親しまれる、歴史あるスポーツ施設。
撮影協力：（株）テニスエンタープライズ

東京都西東京市向台町 2-14-37
042-461-3452

いげた、本気モード入ります‼（顔が変わります）

はっ！

ふんっ

やっ

決まった！

なんか調子いい〜♡

まずは ウォーミングアップ！

あれー！

よし、
感覚がつかめてきたぞー！

058

ちょっと休憩入りまーす!

しーひぃ

疲れてボーッとしちゃう

SMILE!

でも楽しい〜

水分補給も忘れずに!

イイカンジ♡

03
IGETA'S LOVE
SPORTS

1 まずは

サーブ打ちまーす!

nice shot!!

なんだか余裕でてきたかも♡

やった！！

やっぱテニス楽しー♡

球拾いも
ちゃんとやるよ♡

2 初挑戦！「空手の形」をやってみた!!

4 基本の技、立ち方を教わるよ！

突き

揚げ受け

下段払い

手刀受け

拳槌打ち

1 まずは座学から

武道とは……

ふむふむ

真剣……

今回習うのは……

松濤館流 平安初段

（しょうとうかん へいあんしょだん）

という形！

「松濤館流」は世界の修行者の大多数を占めるともいわれる、とても有名な流派。本日習う「平安初段」はその流派のうちの形の１つ。

2 しっかり準備体操

3 「礼」ですべての
もの・人・場所へ感謝を表現

空手は礼で始まり
礼で終わる

ぺこり。

INFORMATION こちらで教わりました！

一般社団法人 日本伝統空手協会
空優会 赤坂教室

子どもから大人まで、空手の基本、形、組手を本格的に楽しく学べちゃう！ オンラインでの稽古も実施中。

東京都港区赤坂 2-20-13-2F
03-6277-8264

海老原 佳菜 先生

米と鶏肉が好物。大切にしている言葉は『虚心坦懐』。

6 最後に、1人で実践!

ビシっ!

5 先生をマネながら、「平安初段」の動きを覚えていくよ!

21個の技を覚え中…

ハアッ!!

7 最後は礼で終わる

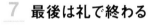

ペこり

笑顔に戻る♡

イイカンジ!

総評

いげた、「平安初段」を演じきりました!!

最後間違えちゃう〜

海老原先生
初めてとは思えない! 1ヶ月で一通りできたら早い方なんです。理解力も早いし、見ていて安心感のある演技でした。

頭がスッキリして気持ちがよかった。思いっきり力を入れながら、キレイに技を見せることが難しい。でもできた時に達成感があった! 本当にまたやりたい。

運動や、身体作りに関する質問に
ゆる〜っとお答え♡

03
IGETA'S LOVE
SPORTS

3

大好きなウォーキングしながら
Q&Aに答えます!

Q. 最近挑戦した面白いスポーツを教えて!

A. この撮影で初めて挑戦した
空手 が本当に楽しくて興奮した!

Q. 運動好きな1番の理由ってなに? どんな時に運動したくなる?

A. 集中できるから。

頭も体もスッキリするのが気持ちいい! またスポーツを通して
自分の新しい一面を知れたり、"自分ってこんなことできるんだ"
って思えるのも好きなポイント。あとはスポーツを通して
いろいろな人と交流できるところも魅力の1つだと思う!
私は心に余裕がある時とか、**天気がいい日**に体を動かしたくなるよ!

Q. 人生で一度は
やってみたいスポーツは?

A. フェンシング

いとこがやっているのを見てすごくかっこよかったから憧れる!

野球
球場で観戦したことはあるけど、実際にちゃんとやったことがなくて。特にバッティングをやってみたい!

卓球!

Q. 運動が苦手な方でも手軽にできるおすすめスポーツを教えて!

卓球場に行けば簡単にできるし、道具も多くないので始めやすい。コートが広くないから動く範囲も少ないし疲れづらく、挑戦しやすい!

Q. 疲れた時の体力回復ご飯は?

A. 疲れた時は食欲が無くなるから
そういう時は **にゅうめんなど**
食べやすいものを食べるかも。
食欲があるときは **カレー** が食べたくなる!

Q. 自分なりのストレッチ方法ってある?
太ももの前側 が固まりやすいから、
スマホ見ながらベッドで伸ばしているよ!
あとはストレッチのポールを使って **ふくらはぎ、太ももをほぐします!**

Q. テニス部や陸上部時代の頃、日焼けってどうやって防いでいた?

A. 防げていませんでした!

当時は日焼け止めを塗っても汗ですぐに落ちてしまって真っ黒に……。でも、引退してからはどんどん肌が白くなった(笑)! 今は日焼け止めをスプレータイプとクリームタイプなど、
いろんなものを使い分けてこまめに塗ることと、
日傘や帽子、サングラスなどを使って対策しているよ!

...RKING!!

Q. ウォーキング中のおすすめのプレイリストは？

Mrs.GREEN APPLE さん「青と夏」

井上苑子 さん「キミマミレ」

サンボマスター さん「できっこないをやらなくちゃ」

Vaundy さん「東京フラッシュ」

Q. 体力の保ち方を教えて！

A. よく寝ること。

食べることよりも睡眠の方が大事だと
感じてからは、疲れた時こそ意識して
たくさん寝るようにしているかな。

Q. 部活での試合や、勝負（オーディションなど）に
勝つために意識していること、必要なことはなに？

A. 気張らないこと。

部活の試合などは冷静に、注意が散漫にな
らないように集中することを意識していたよ！
オーディションの場合も考えすぎないことは同
じだけど、それよりも楽しむことを意識している！

いっぱい歩いて
リフレッシュ♡

TODAY'S COORDINATE

Jacket /	emmi × Snow Peak	¥29,150
Bra top /	emmi yoga	¥7,920
Leggings /	emmi yoga	¥8,910
	すべてエミ ニュウマン新宿店	
Shoes /	NIKE	

Q. 陸上部時代早く走るための
コツはなんだった？

A. 歩幅を広げることと回転数
を上げること。
あとはとにかくたくさん走っ
て体力をつけること。

04
IGETA'S LOVE
WORK

お仕事が楽しすぎる！

休むより仕事してたい!!

WORK
MODEL

WORK
ACTRESS

WORK
TALENT

\ 毎日充実! /

最近のお仕事スケジュール

Day ①　『ここからいげた』撮影

Day ②　ビューティー誌撮影
CM 衣装合わせ
リモート取材

予定たくさん!

Day ③　カタログ撮影
CM 衣装合わせ

Day ④　『ここからいげた』撮影
ライフスタイル誌取材

Day ⑤　MC番組収録×2

日帰り!!

Day ⑥　福岡でバラエティ収録

ドキドキ…

Day ⑦　朝の情報番組生出演
CM撮影

井桁 弘恵 様

HIROE IGETA

04
IGETA'S LOVE

WORK

1 MODEL

主婦と生活社『ar』2021年10月号　撮影／217…

友舎『JELLY』2021年10月号
撮影　Nobuko Baba < SIGNO >

プロポーズされたい

ゼクシィ

RECRUIT
© リクルート

集英社『MORE』2021年7月号
撮影／川原崎宣喜

＼挑戦中！／

講談社『コンサバメイク革命』

◦ コンサバメイク革命 ◦

赤リップにはずっと苦手意識があったけど、出来上がったカットを見たらそこには自分の好きな自分がいて。著者のヘアメイク笹本さんの魔法にかかったようで、ワクワクしました♡

1日に40コーデ撮るときも……！

> メイクさんとファッションや美容の話をする時間が好き♡

> キーとなるアイテムがキレイに見えるよう意識します

／撮影の様子＼

CYAN ISSUE 029 / 2021 SPRING 掲載
Photography YUYA SHIMAHARA

◦ CYAN ◦

ずっと憧れていた雑誌。緊張したけど、素敵なスタッフさんが時間をたっぷり使って撮影してくれました。ナチュラルなのにいつもより輝いて見えて、自分に自信が持てたカット！

集英社『MAQUIA』2020年10月号
撮影 菊地泰久（vale.）

◦ MAQUIA ◦

ふわっとやさしい雰囲気なのに、甘すぎない絶妙な感じがお気に入り。甘めなメイクは似合わないだろうな、と思っていたから、新しい自分に出会えたようでうれしくなりました♡

セルフメイクは

インラインと目尻のアイライナー、ブラウン系のリップをメインに、ベースやアイシャドウは軽めがこだわり。爪はやすりで整えてベースやオイルを塗り、割れないようにしています。前髪は眉毛と目の間の長さがお気に入りで、ずっとキープしてる♡

こんな感じ♡

＼初公開／

クローゼットの中身

お気に入りのシューズクローゼットには色や形、ブランドを揃えて入れています。このキレイに並んでいる感じが好き！ 服はあっという間に増えてきちゃうから、こまめに整頓したりフリマアプリを活用したりしています。

> ネイルケアもこだわってます！

04
IGETA'S LOVE
WORK

2 ACTRESS

共演者の伊藤万理華さん、鈴木仁
くんと撮影の間もずっと話しているくら
い楽しい現場でした。終わるのが本
当に寂しかった……。役柄も自分の
素に近く、リラックスして臨めました!

© 「お耳に合いましたら。」製作委員会

オーディションを受けていただいた役だった
から、出演できること自体すごくうれしかっ
た! シリアスなシーンが多かったので、撮
影後は安心感でつい涙が出てしまったほ
ど、気持ちが入り込んでいた作品でした。

© 埼玉県／
SKIP シティ彩の国ビジュアルプラザ

初めての大きな作品、初めての長期
地方ロケで緊張していたけど、同年
代の共演者たちと仲良くなれて、仕
事の話もたくさんできました。お芝居っ
て楽しい! と改めて思えた現場です。

「4月の君、スピカ。」
Blu-ray&DVD 好評リリース中
発売元：バップ
©2019 杉山美和子・小学館／
「4月の君、スピカ。」製作委員会

ボロボロに

やられちゃいました…

たくさんの方と出会えた

仮面ライダーゼロワン
KAMEN RIDER ZERO-ONE

こんなに幅広い世代の方に観ていただける作品に出演することは初めてで、とても刺激的な1年になりました。反応が大きく返ってくるので、役者としての意識が上がったし、まだまだがんばらなきゃ! と思わせられました。

1年間ともに走り切った大切な戦友!

©2019 石森プロ
テレビ朝日
ADK EM・東映

ヒューマギアにハグ♡

私が演じたバルキリーです!

現場オフショット集

普段なかなか行かないようなところに行けるから、ロケ撮影は大好き! つい写真を撮っちゃいます。ただ風が強かったり雨が降ったりとバタバタすることも多いので、室内の方がお芝居には集中できます(笑)。

なぜだか乗せたくなるんです。

笑顔のクランクアップ
COLLECTION

無事に駆け抜けました!

うれしい誕生日サプライズ!

OLになりました♡

舞台挨拶はオリジナルTシャツで

クランクアップの瞬間はホッとした気持ちになります。コロナ禍で、何事もなく最後まで撮り切ることがいかに大変かを痛感……。いただいたお花は家に帰ったらすぐ花瓶にいけて、玄関やダイニングテーブルに飾りました♡

移動中は寝たり

見たり

起きているときは音楽を聴いたり、電子書籍で小説を読んだり、映画を観たりしています。でも寝ちゃうことが多いかも……(笑)。

食べたり…

そこに入るだけで番組の世界観に浸れるから、テンションが上がります。小道具や装飾もすごく細やかでつい見入ってしまいます!

番組のセットは
ワクワクしちゃう!

クイズ番組で活躍するため
\ **勉強をがんばってます!** /

収録前はマネージャーさんと楽屋で勉強! ノートに世界遺産や時事問題をまとめて、見返してるよ。出題範囲が決まってないから大変だけど、実生活に役立つことや仕事に活かせることも多いから、楽しいなって思います。

地元福岡での仕事は
本当にうれしい!

愛用している
教材たち

勉強のおとも

かわいい文房具たちで気持ちを上げています♡勉強しながら使っているろうそくは、木の芯からパチパチと音が鳴って落ち着くんです。

GASTON

MC、クイズ、ニュース……

最近福岡でのお仕事も増えてきました! ずっと目標にしていたし、両親がとっても喜んでくれるのでさらにうれしくなります。

高校受験のときに愛用していた教材が意外と使える! 塾の先生手作りのテキストで、基礎知識が詰まってるんです。学生時代にあまりやっていなかったことわざや世界遺産は、分かりやすいテキストで日々勉強中です。

いろ～んなことに挑戦中!!

夢だったバラエティーのレギュラーに!
\ **「おしゃれクリップ」がスタートしました!** /

本当にびっくりしたけど目標が叶ってうれしかった! ただここからがスタート! これまでの番組のように長く愛される番組にしていきたいし、こういったレギュラーが自分のベースとなるよう、さらに力を付けていきたいです。

OFF SHOT

ワクちゃん

そんちゃん

火由さん

まっくま

志和さん

05
IGETA'S LOVE
FRIENDS

私のまわりは
ステキな人であふれてる♡

みんな大好きです♡

中川さん

IN OKINAWA

にーま

FUKUOKA

コギリさん

笹本さん

LOVE

1. 仕事

Work Friend

の友達とトーク。

出会いはウェブ媒体の撮影！

井上苑子さん

友達歴：1年……？

1997年12月11日生まれ。兵庫県神戸市出身。シンガーソングライターであり、女優としても活躍。「同じ業界にいるので仕事の私も見ているし、プライベートな私も見ている唯一無二のお友達」

MVで共演してから仲良しに……？

井上苑子さん（以下そ）「2年程前にウェブの撮影で、私の前にいげちゃんが撮影をしていて、「井桁さん……！」ってなのが初めての出会い。マネージャーさんに前々から、井桁弘恵ちゃんがかわいいという話をしていたので会えたことがうれしかった！」

いげた（以下い）「私も"SNSとかすごい見てます（笑）！"って、いげちゃんから"すごい来たな……！"と思った。この業界っていう人って入るとなると、会いたいって思う人っていうのがうれしい！のに、いげちゃんから"すごい見てます！"って話しかけてくれて、えっ！と思ってぽろっと言って実現したのが……」

そ「めちゃくちゃうれしい！」

い「去年（2020年）の3月だ！　私地元の友達に言ったもん！」

い「え〜うれしい。その時にMV出てほしいってぽろっと言って実現したのが……」

そ「めちゃくちゃうれしい！」

い「私もあの時、熱に任せてぽろっと言ったことが実現してくれたらうれしかったです〜！　言ってよかった（笑）」

い「ほんとにずっとりアルに聴いていたんで、うれしかったです」

そ「MV撮ってから距離が近づいた……のかな？　いげちゃんはあんまり出かけるタイプじゃないからさ、いげちゃんから連絡来るのを待ってるんです私は（笑）！」

い「あ、うそ！　待ってた？」

そ「私は結構ウェルカムなんて」

い「でも基本そんちゃんのお家で遊ぶことが多いかな？」

そ「いやいや助かってます！」

い「いやいや申し訳ないです！」

るけど、その中の1人だったから！　ライブも行ったことあっ、ずっとタオル振ってたから。

---

caption: 井上苑子 「ほんと」Music Video

YouTubeで一気に大好きに♡

井桁弘恵ちゃんとナゲット100個

caption: YouTube　井上苑子の「いのう、えい！」

そ「MVの撮影後、YouTubeいの、えい！の撮影で2度目ましてをしました。その時ナゲットをめちゃく食べたね！　いげちゃんから大食い企画やろうって言ってくださって、ナゲットを食べるというその2時間で結構仲良くなった！」

い「楽しかった（笑）」

そ「そのとき感じたのが、あれ、いげちゃんイメージと違うなというか……もっと、上品かと、いや（笑）待って、違う違う！」

い「ちょっと！　上品じゃないみたいじゃん（笑）！」

そ「「爆笑」気さくで！　前から友達のような距離感で来てくださったのがとてもうれしくて。一気に好きだな〜！」ってなりました」

い「芸能界の友達って数少ないんだけど、こんなにあんまり深くって考えずに話せる人いないから……同じ業界にいるけど、仕事のテイストが若干違うのも私的には話しやすいのかなって思うときもあるんですよね！」

そ「うわぁ！　それはめちゃめちゃありますね！」

そ「MVの撮影後、YouTubeいの、えい！のこれからがすっごく楽しみ♡」

い「お互い純粋な気持ちで応援できるし」

そ「どうしても同じカテゴリのお友達だと、仕事の話した時に難しいときもあるじゃないですか。でも近いけど、ちょっと違うから話しやすいし、純粋にいげちゃんのこれからがすっごく楽しみ♡」

い「芸能界らしさがそんなに全然なくて、地元の友達みたいなすごい人だからすごい楽！　いげちゃんこんなにかわいいのに……自分のことかわいいってわかってるのかな？　ってかわいいってわかってる（笑）」

そ「それは、私もめっちゃ感じました。い」

最後に……

そ「頑張りすぎず、いげちゃんのペースでこれからも頑張ってくください！　いつかまたMV出てください！　次はちょっと違うテイストの作りたい（笑）！　あ、あと、食が細くなりませんように（笑）！　いっぱい食べる君が好き。」

HIROE IGETA

2. 地元 の友達とトーク。
Best Friend

にいほ

にいほさん　友達歴：7年

高校3年生で同じクラスになり仲良しに。今でも頻繁に連絡を取ったり、地元に帰った時は必ず遊ぶ大切なお友達です！

演技の原点、にいほ説？

Mt.FUJI

いげたの第一印象は怖かった！

いげた（以下い）「知り合ったのは高3でしたが、中学校が近所だったこともあって中学時代から勝手に認識していました。何かのコンテストで、"サマンサタバサ賞"を獲ったすごい子がいるらしい、と騒いでいたことを覚えています」

にいほさん（以下に）「えー！そうだったんだ！」

い「高校に入学してから、階段で僕と友達がはしゃいでいた時にすれ違って"なんかすごい睨まれて怖かったのが僕の初対面の記憶。覚えてないでしょ（笑）」

に「ん〜。相当うるさかったのかな。覚えてない（笑）」

に「ちゃんと認識したのは高3の運動会の幹部をやったとき！顔合わせの時に僕の方を見ながら、隣の女の子とコソコソと言っていて、失礼な奴だなと思った（笑）」

い「あの時にいほが、部活でこんがり焼けてたから面白かった（笑）」

に「運動会の幹部は300人くらいの生徒をまとめるっていう仕事だったんですけど、いげたは幹部のさらにまとめ役で相当大変そうでした」

い「ほんとに大変で、あの頃はほぼ毎日泣いていた気がする……それで、よくにいほに相談してたんだっけ」

に「そうだね〜。そこで一気に仲良くなったと思う」

い「高校生の時はその思い出が強いかな〜」

に「ゲリラごっこ遊びもやってた（笑）。雑貨屋さんに入って急に店員さんになったり、高校で急に親子になったり」

い「早々に演技の練習してた（笑）！」

に「今思えばそれがいげたの演技の原点かもしれないですね（笑）。今、いげたが出ているドラマとか見ていると、"あの時の俺の教え子生きてんな〜！"って思う」

い「うける（笑）」

卒業後いろんなところに行ったね〜

に「高校卒業してからの方がいろいろ遊びに行ったよね」

い「にいほが車の免許取ったのと、お酒が飲めるようになっていろんなとこ行った！」

に「糸島、大阪、富士山、沖縄……」

い「富士山登った時、山小屋で1泊したんですけどすぐ隣にいほがいて、なんかいやだった（笑）」

に「……（笑）」

ポイズンポップ

実は……

に「仮面ライダーに出ていた頃、よく観てるって言ってたんですけど、正直数話しか観たことないです（笑）」

い「おい〜〜！！」

に「けど、最近は以前よりも（テレビや雑誌などで）いげたを見かける機会が増えたんで刺激をもらえますね。数年前はドラマでもちょい役でイジってたのに、気がついたらちょい役どころじゃなくなってて」

い「へへへ」

に「だけど、高学歴で〜とか、才色兼備で〜とかよく言われていますが、いげたのベースはアホでボケたがりの子なんで、そこはもっと世間に知られていって欲しいです」

最後に……

い「なにそれ（笑）」

に「最近忙しそうだけど、あまり無理しすぎず頑張って！グラビアでは盛りすぎるなよ（笑）」

い「なにそれ（笑）」

部活が一緒でした♡

放課後はいつも……

まつくまさん（以下ま）「部室で初めて弘恵に出会った時に、絶対先輩だ……って思いました。当時は今よりももっと……クールと言えば聞こえがいいですが、人見知りで背も高かったんで怖い印象で」

いけだ（以下い）「それ、にいほも言ってた（笑）」

ま「笑」高校時代は私も弘恵もこんがり焼けていて、部活部活、って感じでした。わりとずっと部活一緒にいましたね！」

い「仲良しな子たちで一緒に集まったり、ファーストフード店でしっかり女子高生してたよ！意味もなくめっちゃプリクラ撮ったり（笑）！あと、歩いて15分くらいのところに海があったんで、部活帰りとか、テスト期間中とかもことあるごとに海に行ってたね」

ま「夏は、練習後に海に入ってすぶ濡れになった事もありました」

い「あと糸電話作ったの覚えてる？」

ま「あ！めっちゃ懐かしい！校舎がコの字型だったんですけど、その両端で糸電話を繋いでおしゃべりしてたんですけど、放課後に結構時間かけて作ったのに、次の日にバレて没収された（笑）」

ま「スマホも持ってたし、同じ階にいるのに、糸電話なんで行き来せんでも良くない？ってなって糸電話作って遊んでたよね（笑）」

い「うわ〜やだぁ〜（笑）」

大学時代も よく遊んだね♡

ま「卒業して一緒に福岡を離れて、私は京都、弘恵は東京に行ったんですけど、一緒に帰省したりお互いのお家を行き来したりしてました」

い「大阪で撮影の時に泊まらせてもらったり、まつくまが東京来た時に遊んだり、なんやかんや頻繁に会ってたね」

ま「大学の頃も訳もなく、"華の大学生"とか、あとすごく恥ずかしいのが"うちら高学歴"とかラクガキした痛プリを撮ってたよね（笑）」

い「うわ〜やだぁ〜（笑）」

ま「照れ（笑）」

い「照れないでください〜い！」

芸能界に入った 弘恵は……

ま「びっくりするくらい高校生の頃となにも変わってないんですけど、人見知りを克服していたところ」

い「高校生の時は愛想が悪かったよね！」

ま「大人になってからパーソナリティを変えることはすごく難しいことだと思うので、かなり大変な思いをしたんだろうな〜って、そうやって、変わらなくていいところは変わらないまま、変わるべきところを変えていっているのはすごいなって思います」

い「照れ（笑）」

わたし、芸能界入ってよかったかな？

ま「他の仕事したほうがいいんじゃない？って思わなかったかが気になる」

い「あ〜。え〜。全く思わなかった。私の考え方ではあるんですが、なにをやってもうまくいく子だなって思っていまして。意外と打たれ強くて、本人はメンタル弱い、とか言うんですが、そんなことなかったり」

ま「すぐ辞めるんじゃないかな？って思ってた人もいるんじゃないかな？」

い「たしかにそう言っている人もいたけど、私は弘恵は頑張るって決めたことはちゃんとやり切るって分かってたから、芸能界に入るってことは1ミリも間違いではなかったと思っているよ！」

い「そっか……。それを聞けて私は満足です♡」

最後に……

ま「私は弘恵のファンでもあるので、たまに雑誌の弘恵のメイクを真似したり、インスタに載せてるコーデの小物を買ったりしてます。うまく取り入れられないので恥ずかしくて言えてなかったけど（笑）」

い「うれしい〜♡心に潤いがもたらされました（笑）」

まつくまさん

友達歴：9年

高校3年間部活が一緒で常に一緒にいました。卒業後は一緒に地元を離れ、今は近くに住んでる数少ない地元のお友達！

TENNIS CLUB

いいほに福岡どこの学校よりもかわいかった！ってのもあったし、弘恵も当時から華やかでかわいかったので、いろんな学校が集まる試合の時は、他の学校の生徒が結構見に来ていました、試合で勝てることそんなにないのに（笑）」

い「弱かったよね（笑）」

ま「ぜ〜んぜん勝てなかったな〜！（笑）」

い「でもユニフォームがどこの学校よりかわいかった！」

ま「3年生のゴールデンウィーク前に試合があって、その試合でボロ負けして大泣きして引退しました。ね（笑）」

い「うん……（笑）」

15人に聞いた いげたの知らない"いげたちゃん"。

HIROE IGETA

01

Commemt by
ヘアメイク /
岡田知子さん
@tomokookada

第一印象は……
"また会いたい!"

「初めてご一緒したのは、ゼクシィ11代目CMガールの時。ゼクシィのスチール撮影でした。スタジオに到着されたとき、あまりに屈託のない笑顔で、『井桁弘恵です!』と挨拶してくれました。初対面の数秒で、"また会いたい!!!"と思ってしまいました。さらに、ゼクシィCMガールの記者会見のとき、井桁ちゃんがメイクルームであまりに初々しく、緊張していた姿がかわいすぎました。そして、ウェディングドレスで会見場所に入場したとき、後ろ姿を見て目が潤んでしまいました」

私しか知らない井桁ちゃん。
"本質は手にあり"

「感じている方もいらっしゃるとは思いますが……井桁ちゃんの(私が感じる)本質は、手にあります。器の大きい所や、上品さ、聡明さ、が、手、爪先にまでみなぎっていて、最高です」

井桁ちゃんに内緒にしていること
"パワーをもらっています"

「『井桁弘恵』って、名前を見るだけでもパワーがもらえます(笑)。それくらいいつも勝手にチャージさせてくれてありがとう……と思っています」

最後に一言
「余計なことを考えず、真っ直ぐ努力して結果を出す井桁ちゃんの、ストレートなところに、いつも撮影チームは引っ張られています。井桁ちゃんと一緒だと、初心に返してくれる! 井桁ちゃん。何十年後も、メイクさせてね! そして、変顔撮らせてね!」

> 「出会いはゼクシィの撮影の時。初めて私のそばかすを褒めてくださったのがヘアメイクさんで、そこから肌に自信が持てるようになりました! いつも身体メンタルのことを気にしてくださる。心強い味方です。母みたいな存在♡(笑)」
> **FROM IGETA**

TOMOKO OKADA

02

Commemt by
民放バラエティ番組プロデューサー /
金井大介さん

第一印象は……
"小学5年生の無邪気なヤツ"
"外見と中身にとても大きなギャップ"

「番組の収録で初めて会ったのですが、めちゃくちゃ美人なのに『無邪気なヤツ』だなというのが第一印象です。井桁さんは人見知りするようですが、その時期を過ぎると、イジってもイジり返してきます。小学校5年生レベルの無邪気さを持つ大人の女性というのが井桁さんの印象です」

私しか知らない井桁さん。
"泣き顔がブサイクなところ"

「井桁さんが出演してるドラマを観ました。そのドラマの中で悲しさのあまり泣くシーンがあり、本人は真剣に役を演じていました。ちゃんと役に入って涙を流しているんでしょうけど、よく見るとブサイクです。僕だけなのかもしれませんが、井桁さんには『泣き顔』は似合わないと思います」

「世間的には『美人』『頭脳明晰』『クイズ』『モデル』『女優』といったイメージが先行しています。しかし、ホントは小学校5年生の無邪気なヤツなんです。このスタイルブックが井桁さんの『取説』となって、真の井桁さんが世に広まることを願っています」

井桁さんはこんな子。

最後に一言……
「インスタグラムをフォローして毎日チェックしてます」
「しかし、まだ『いいね』をしたことがありません。いつの日か、『いいね』を押す日が来ることを祈ってます」

DAISUKE KANEI

> 「『しくじり先生』などのテレビ番組でご一緒した、偉い人なのに全く偉そうじゃないテレビの方です(笑)。いつも私のしょうもない話に付き合ってくださいます。また、バラエティのプロなのでノウハウをたくさん教えていただいてます!」
> **FROM IGETA**

03

Commemt by
ヘアメイク /
川嵜 瞳さん

HITOMI KAWASAKI

第一印象は……
"あれは四年前、サラサラロングヘアの原石!"

いげちゃんとの一番の思い出は……
"子どもの様に泣く姿……"

「クイズ番組出演のために事前に猛勉強。本番、答えが分かったのに、早押しで回答できず、力を発揮できなかったいげちゃんは、楽屋で悔し泣きしており、その姿がとても愛おしかった。子どもの様でした(笑)」

いげちゃんってこんな子。
"普通の女の子!"

「(私だけではありませんが)井桁弘恵の中身は11歳の小学生男子と身の周りの方には言われている(笑)。良い意味で普通の女の子。芸能人なのに全然気取ってなく、初めましての人や、スタッフにもフラットに話かけていく。そしてみんないげちゃんを好きになる。相手の心を奪い出やすかったり、ふにふに弱音吐いたりする時も、緊張すると顔を見守るような気持ちで微笑ましく思っております(笑)。」

> 「4年前に初めてご一緒したのですが、癒しをくれるヘアメイクさんです。毎週1以上お会いするのですが、いつも優しくてテンションが安定していて安心感があります。いろいろなことを気遣ってくださって愛情に溢れている方です♡」
> **FROM IGETA**

05

Commment by
スタイリスト／
コギソマナ さん
📷 kogisonofuku

FROM IGETA

「バラエティのお仕事でたくさんお世話になっているスタイリストさん。毎回色々な洋服を持ってきてくださるので衣装を選ぶのが楽しいんです。そして私をポジティブで明るい方に引き寄せてくれるメンタルケアマネージャーだと勝手に思ってます♡」

第一印象は……

"女の子が少女から大人になるあいだ"

「の、その時。のいま今今!!! みたいな瞬間の時間が私は大好きなのですが。いげちゃんに初めて会った時はまさに "わあ。いま! まだ大人にならないでー!!" みたいな子だなぁ、と。撮影の間の限られた時間の中で、たまに見せる大人の顔と、そのままの少女の顔の間を行き来してる。"うわあ♡ この子気になる気になる!" と思ったのが印象的で覚えています」

私しか知らないいげちゃん。

〈いげちゃんの「えっ!」〉こんなとこ、好き。

"いげちゃんの着替えの速さは立派ですー!"

「上を着ながら下も脱ぐ。みたいな。ちゃっちゃかちゃっちゃか着替えてくれるので気づいたら服のお山ができてます。お陰でうちのアシスタントちゃんの着替えのスピードが上がりました。あとたぶんみんな思ってるのですが、あんなにかわいいのに爆笑するといっつも "ひっひっ!!" って引き笑いになってる。それ見てみんなで笑っちゃう。うん。私的には大好物です（笑）」

MANA KOGISO

「いげちゃんはよく "えっ!" って言うんですが、いげちゃんの "えっ!" ってなんか勢いがあると言うか、気持ちが入っているというかよく "え"え"っっっ!!!" ってなってるなぁ。と。その時顔も一緒に "え"え"っっっ!!!" ってなってるんで。今も思い出したら笑っちゃいました。そう思ってるの私だけじゃないと思うなー。うん。でもそんなとこも好きだよー」

最後に一言……

「わたし的にはイントネーションが〈いげ↑ちゃん〉なのですが。〈いげ↓ちゃん〉って呼ぶ方もいっぱいいて。呼び方変える今さらなので できれば〈いげ↑ちゃん〉で世の中に浸透してほしいなー。と思ってます♡」

07

Commment by
JELLY編集部／
浜崎

FROM JELLY

一番印象に残っていること。

"人のいいところを自分に取り込む天才"

〈いげちゃんに感心したこと。〉

「いげちゃんと初めてのお長い撮影の時に、たくさんのオフショットを撮ったのですが、ロケバスで"写真送ってくださいー!"と言って連絡先を交換してくれました。距離感の詰め方がうまい子だなーと思って。今思えばいげちゃんの周りにいらっしゃるいろんなステキな方のいいところを吸収して、自分なりに変換していくことができる子なんだなと……大人でもこんなに容易にできることじゃないなって思って感心しました」

「いげちゃんと初めてお酒を飲んだ時。それまでは撮影でのかわいくて良い子、真面目でかわいくて良い子、というただの好印象だけかなかったのですが、楽しすぎて、なんでこんなにかわいくるしく、大好きになるの!? と気に愛くるしく、大好きになりました」

最後に一言……

"第2弾、作ろう!"

「スタイルブック本当におつかれさま! 初めてのことがいっぱいで戸惑わせてしまったけど、よくがんばったね。ありがとう! 今回行けなかったところや、できなかったこと、伝えきれなかった思いは、また次回で。楽しみにしています!」

「JELLY編集部の皆さんは年齢が近い方も多いので、近い距離感で一緒に雑誌を作ってる感じがあります。浜崎さんはこのスタイルブックの制作を通じて特に情熱的な方だと知れたので、これからもっと密にいろいろなことを一緒にしたいな! と思っています♡」

FROM IGETA

04

Commment by
マネージャー／
黒木 さん

「とっても忙しいはずなのにいつも優しいマネージャーさん。いいことも悪いことも何でも相談に乗ってくださるので本当に助かっています。これからもいろんなお仕事できるように頑張ります! よろしくお願いします!!」

FROM IGETA

KUROGI

〈私しか知らない井桁〉実はイタズラ好き!

「待ち合わせ場所に向かっている時に、後ろから気づかれないように近づいてなく度も。一度や二度ではなく、心臓に悪いのでやめてもらいたいです（笑）」

〈一緒に歩いていると歩幅が違うので、実は必死にスピードを合わせています。〉

〈井桁に内緒にしていること。〉

井桁に感心したこと。

"向上心"

「常に向上心を持って仕事に取り組んでいる姿には、いつも感心しています。アドバイスを受け、すぐに実行できるのでこちらが勉強になります。また、真面目で頑張り屋だと常に感じています。何事にも全力なので、悔し涙を流す事もあります。それでも落ち込まず前向きな姿が、魅力だなと思います」

06

TAKAHASHI

Commment by
民放バラエティ番組プロデューサー／
たかはし さん（写真は飼っている愛猫）

「某テレビ局に行くといつもいらっしゃるすごい方（笑）。なのに、いつもふらっ〜と楽屋にきてくださります。バラエティ番組で馴染みの方があまりいなかったので、たかはしさんがいると緊張が和らぎます。これからもっとお仕事ご一緒したいです!」

FROM IGETA

第一印象は……

"最初にお会いしたのはクイズ番組の収録"

「その収録前の第一印象は "透明感があって笑顔が素敵だなぁ" ですね。そのクイズ番組では『クイズが出来る20代女性』を永らく探していましたので、その収録が終わる頃には "これは長い付き合いになりそうだな" という印象? 予感? が加わりました」

井桁さんに感心したこと。

"バラエティーもやっていけるな"

「バラエティー番組で、ある芸人さんが天狗のお面の鼻を魚肉ソーセージにして登場。それを他の演者さんに食べるよう迫ったが当然みんな拒否。そんななか井桁さんだけが躊躇せずパクりと食べた時、周りから "食べんのかよ!" "よくそんな気色悪いもん食べられるな!" と賛美ともとれるツッコミの嵐。その時 "あぁこの子はクイズ・ドラマだけじゃなくてバラエティーもやっていけるな" と思いました。（これ伝わるかな……苦笑）」

一番印象に残っていること。

"負けず嫌いの一面が垣間見えた瞬間"

「一番強烈な印象という意味では……（上記とは別の）クイズ特番にて、残念ながら準決勝で敗退した際、決勝戦への勝ち進んだチームがセット移換の間に自分のところに真っ先に寄ってきて "本当に悔しいです! 次回こそ出してください!"。笑顔ながらも、メラメラと炎を宿した瞳で直談判されたことですかね（笑）」

〈この秋から僕担当番組の裏でなんとMCをやるとのこと……!? 脅威です!!〉

〈負けず嫌いの一面が垣間見えた瞬間〉

最後に一言……

"これからもお世話になります!"

「先日ある番組終わりで『いろんな番組でこっちがオファーしといて何だけど……よく会うねぇ!』と話しましたが、これからもいろんな番組でお世話になります! なので直談判はもうやめてくださいね（笑）」

08

Commemt by
ディレクター /

志和幸奈 さん

YUKINA SHIWA

いげちゃんとの1番の思い出は……

"いげちゃんのお姉さんの 結婚式VTRの撮影"

「1番の思い出は……"志和さぁん相談してもいいですかぁ!"で始まった事前に何度もこうしたいああしたいって打ち合わせ込んでご飯行って、台本作って両家ご両親にも協力してもらってテレビ電話でいげちゃんお得意のインタビュー! 最初自分で編集やる、と意気込んでたけど編集は全部私がやった(笑)。やってあげたくなっちゃう。甘え上手頼り上手(笑) ♡ ナレーションもいげちゃん自ら読んで、とてもいいVTRになった! 楽しかった!」

FROM IGETA

"ZIP!"の撮影で出会いました! 私はバラエティが初めてだったので基礎をたくさん教えてくださった方です。バラエティのお姉さん、という感じでアドバイスをくれたり、新しい仕事が決まった時は自分のことのように喜んでくれたり、とても愛を感じます♡

第一印象は……

"初めて会ったのは ZIP!の撮影初日"

「いげちゃんが初日だったので緊張していた印象が今も残ってます。私はディレクターになる直前くらいで台本を書かせてもらう1つのADの仕事もしていたんですが、焼き鳥が好きでもしていたんです自己紹介のカットで焼き鳥を大量に買って行って、その時の第一印象はとにかくもりもり食べるいげちゃんは撮ってて思いました! 食べ口元がいる美味しそ〜に食べる姿がいいなぁと編集してても楽しいです」

"ずっく知らないいげちゃん、 実はめちゃくちゃ 色々考えてる"

私しか知らないいげちゃん、実はめちゃくちゃ色々考えてる。

「"こうなりたい!"っていうビジョンがちゃんとあって、そうなるにはどうすればいいかなと考えてる。でも、芯はあるのに、超素直! 言い方難しいんですけど、素直な気持ちでまっすぐ相談してきてくれて柔軟に吸収するタイプだな、って。うちらも気をきた話せるタイプだと。佐藤栞里さんに憧れて隣のページにいるとかで喜んでたの雑誌で隣のページにいるととかで喜んでたの、この間なんて"井桁弘恵、目標は佐藤栞里"とかヤフーニュースに載ってなんか嬉しかった」

長年の目標がネットニュースに!

09

Commemt by
映画監督 /

杉原輝昭 さん

TERUAKI SUGIHARA

第一印象は……

"綺麗な人。すごく真面目そうだなと思った"

「仮面ライダーのメインの監督! 最初は怖い人かなと思ったのですが、とっても気さくな方でした。いいものを作るためならとことん、なんでもやる!! という意志の強い方で本当に尊敬しています。また一緒に作品を作りたい! と思った監督です」

FROM IGETA

「これからも"頑張り屋さんないげっちゃん"でいてください」

最後に一言……

「1年半という長い期間"仮面ライダーゼロワン"という作品を通じていろんな井桁さんを見せていただきました。本当に真面目だし、頑張り屋さんで、時々、気配り上手なところも、ちょっと抜けてるところも、思いもよらない角度からの天然なボケをかましてくれたりと、一緒に作品を作っていて本当に楽しい人だなと思いました。落ち着いたらゼロワンメンバーで同窓会やりたいですね」

いげっちゃんはこんな子

「真面目で生懸命なところが魅力的な反面、少し心配性なところもある井桁さん。お芝居終わってからも"大丈夫だったかな?"って感じでモニターを確認しに来ることもよくありました。でも安心してください。自信を持ってお力豊かです。自信を持って表現してください」

一番の思い出は……

「"劇場版仮面ライダーゼロワンREAL×TIME"の作品中で、素面でアクションする場面があって、アクション練習に来てもらった際、他のキャストが練習を終えて帰って心も体も残って黙々と練習していました」

11

Commemt by
ヘアメイク /

笹本恭平 さん

@kyoheisasamoto

第一印象は……

"すでにマブダチ感!"

「ずっと誌面を見ていて会いたかった方だから嬉しかった〜。同じ九州出身とゆーことで共通の知り合いがいたりして初対面から勝手にマブダチ感(笑)!」

最後に一言……

"もっと有名に なっても 忘れないでね〜🐻"

「いろんなことにどんどん磨きがかかっていっているいげちゃん! すごいよ〜いげちゃん! 頑張れ〜いげちゃん!」

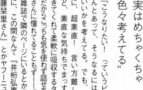

「出会ってまだ1年くらいですが(笑)いくつかあって打ち解けるのが早かった、昔から知ってる、親戚のお兄ちゃんみたいな感覚なので、いつも甘えちゃう井桁さんはアウトホームっぽくてメイクしてくださるので毎回幸せです!」

FROM IGETA

いげちゃんとの一番思い出は……

"書籍での撮影!"

「やっぱり僕の書籍"コンサバメイク革命"での撮影でしょうか。確かいげちゃんと撮影するのは2回目だったかな。結構なカット数で大変だったんだけど、いげちゃんはどんなメイクもモノにして洒落た感じに昇華してくれる! とーっても助かっちゃった! なんて素晴らしいモデルなんだ、と思ったよね〜」

KYOHEI SASAMOTO

10

DAISUKE TAKAHASHI

Commemt by
WORKS代表 /

タカハシダイスケ さん

第一印象は……

"透明感がすごくて、 ピュアかわいい印象! 天使かと思いました(笑)"

「かれこれもう6年くらい通っているサロンの美容師さん。髪をとびっきり綺麗にしてくださるのはもちろん、楽しいお話で心も元気にしてくださる、こう見えて癒し系の方です」

FROM IGETA

一番印象に残っていること。

"タフな撮影に井桁さんのタフさ"

「出会った時が夏販売の化粧品のCMで、極寒の冬の日に井桁さんはタンクトップ、短パンの衣装で汗をかかくメイクを長時間務めてるプロな姿が今でも忘れられないです。かわいい容姿からは想像つかないタフな方だなと思ったのと、タフな撮影だったので思い出とは違うかもですが、覚えています」

最後に一言…… "いつもありがとう!"

「芯が強く、聡明で繊細な感性をお持ちな方! 美味しいハッピーで楽しい事好きで家族思い!! 美味しいもの大好き。そのまま変わらず井桁さんの楽しいと思うことをハッピーに続けていってくださいね! と思うと、幸せな気持ちにさせてくれていつもありがとう!」

13

Commemt by
おしゃれクリップ演出
日本テレビ 情報・制作局 /

中川ゆりや さん

FROM IGETA

「おしゃれクリップでお会いしたのですが、本当に仕事のできるスマートな方! 初めは厳しい人なのかなと思ったのですが、番組のことを誰よりも考えてくださっているからなんだとわかりました。そんな中川さんとこれから一緒に頑張っていきたいなと思っています!」

YURIYA NAKAGAWA

第一印象は……

"お会いする前の話ではありますが"

「新番組『おしゃれクリップ』のMCを探しているときに『まだ色のついていないフレッシュな方』『トークを積極的に盛り上げてくれる方』を起用したいと思い、すごくいろんな動画や記事を見て、オーディションを開催しました(勝手に!笑)。その中で、この人と仕事をしたいと確率を勝手に抜いて(勝手に!笑)、ハキハキとお話される様子がとても印象的でした。ステキな笑顔と、想像を超えるパワーと(勝手にいろいろ期待をしていたのですが)、いざいろいろお話してみると、井桁さんのMCはオファーできて大正解だったと確信しました。そのとき調べていろいろと記事をやってきてくれてとても、何倍もの倍率でスマートさを感じました"番組で出たのは初対面のときだったんですよね!ってくらい、井桁さんって大学時代テニスやってたんですよね? 私が井桁さんのことを調べてきてくれてとても、中川さんって発言、井桁さんも私のことを"勝手に調べていたのですが"同じくらいんたんです。そのとき同じことをしていたんです。そのとき"井桁さんも私のことを"った、正解だったと確信しました」

実は内緒にしていること。

"いつか番組で
ドッキリ検討中?"

「番組でペアになっている山崎育三郎さんが歌って踊る方なので、いつか井桁さんにも歌って踊ってほしいと思っていること。いつかドッキリでやっちゃおうかな?」

TAKAKO NAKADA

12

Commemt by
MORE編集部 /

編集長	中田貴子 さん
編集部員	渡部遥奈 さん

HARUNA WATANABE

第一印象は……

"ギャップ萌え"

「見た目はジェーン・バーキンみたいなのに、話すとちゃきちゃきで楽しくってギャップにとりこになっちゃいました。いろんなところで、ギャップ萌えを生み出している人気がします(笑)(中田さん)」

"井桁弘恵はどんな時でも井桁弘恵"

「どんなに忙しい日でも、どんなにハードな現場でも。どんな相手でも。絶対にブレないのが彼女の一番のすごいところだといつも思っています。眠い日は『眠い……けど頑張る』ってちゃんと言ってくれるし、楽しい時は楽しいって言う。気になるところがあれば、偉い人にだって気負わず質問するし、自分の意見を伝えられる。そこが彼女が年齢問わず、多くのスタッフに愛される理由のひとつではないかと思いますし、尊敬しているところです(渡部さん)」

私しか知らないいげちゃん。

"キュートな
食いしん坊"

「MORE編集部の皆さんはすごく大人な雰囲気、丁寧、丁寧で、愛のある方ばかり。編集長の中田さんはカッコよくてすてきで、目指す理想の女性です。渡部さんはすごく仲良くしてくださる、かわいすぎるモデル役のような編集さんです(笑)!」

「いろいろと食べるシーンのある着回しテーマのときも、グルメのテーマの時も。必ず残さず食べてくれるし、なんなら色々食べてました。以前『アウトドアご飯』のテーマを撮影したがる『自分でキッチンまで出向いて料理家さんが作ってくれたふわふわのオムレツをおかわりするくらい。あんな細い体のどこに吸い込まれていくのか……不思議ですがいげちゃんが美味しそうな顔をしてくれるだけでこちらも幸せになる。一石二鳥です(渡部さん)」

最後に一言……

"大好き!"

「どんなものにも関心を持って、どんな道にも『楽しそう!』と突き進む。興味のストッパーがないいげちゃんだからこそ、いろいろな世界へのチャンスを切り開いていけるんだな、といつも尊敬しています。そんないげちゃんの好奇心センサーを刺激できる仕事を、これからも一緒に作っていけたら嬉しいです♡ 大好きだよ------(とりあえず、山と車遊びしようね!)(渡部さん)」

15

Commemt by
演技講師 /

比佐一平 さん

FROM IGETA

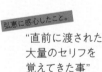

「お仕事を始めた8年ほど前から、芸能界のことや、演技のことなど、基礎中の基礎を教えてくださった方です。比佐さんに毎週レッスンしていただいたから、仕事がなかった時も乗り越えられました。恩返しができる様に、もっと頑張ります!」

IPPEI HISA

第一印象は……

"暗いイメージ?"

「演技レッスンで初めて会ったのですが、とても真面目な印象でした。あまり演技経験がなかったからか、集中して受講していました。こちらの発言を聞き逃すまいとする真剣な眼差しを覚えています。そのため、ともすると、ちょっと暗いイメージがありました。今思うと全然そんな事はなかったんですけどね」

弘恵に感心したこと。

"直前に渡された
大量のセリフを
覚えてきた事"

「1つの役に留まらず、最大四役覚えてきました。どのような方法で覚えてるのか聞くと、『全ての役のセリフを自分の声で録音して、ひたすら聞く』との事。感心しましたね。十代の頃から知っていますが、現在に至るまでの成長速度が著しい『向上心と努力の人』。今後が楽しみです」

弘恵はこんな子。

"負けず嫌い"

「ある日のレッスンで、彼女の演技に対して、厳しく言った事がありました。よほど悔しかったのか、レッスン後に私のところへ来て、具体的な改善点を聞いてきたんですが、話している途中でボロボロと涙を流し始めたんです。とても負けず嫌いな印象を持ちました。今でも会うとその時の話をネタにしたりします」

最後に一言……

"弘恵。最近の活躍、
とても嬉しく見ています"

「忙しい日々が続くと思うけど、気が向いたらまたいつでもレッスンにおいで。待ってるよ」

KAORI HATA

14

第一印象は……

"息を呑むような
高嶺の花で、
話してみると私史上最強
のサバサバ女子"

Commemt by
漫画編集者 /

畑 香織 さん

「映画『4月の君、スピカ。』で出会ったお姉さんです。距離の詰め方がすごくうまくて、気付いたら仲良しになっていました。一緒にお酒を飲むのも楽しいです! 畑さんが酔っちゃって介抱してあげたこともあるので、私がお姉さんになることも(笑)♡」

FROM IGETA

いげちってこんな子。

"ほろ酔いの時&
普段は……"

「普段はサバサバしているのですが、ほろ酔いの時はふにゃふにゃになって甘え上戸になります。それがとにかくかわいくて、何度でもお酒に誘ってしまいます……(笑)! そして、かなり! 義理人情に厚い女子です。普段はカラッと居心地の良い関係ですが、困った時は飛んできてくれ、誕生日などのイベント時は至れり尽くせりで、本当に心が優しい子だなと感じます」

最後に一言……

"頼りになる妹"

「という感じで、いつも助かっています! 一緒にいると1人では絶対見つけられない発見が常にあって、本当に楽しいよ! これからもよろしく! また、美味しい焼き鳥食べに行こう〜!!!」

最高♡

なんです。

あったね〜
そんなこと!

お姉ちゃん
↓

↑
私

080

スウェット ¥17,600 ／ノークバイ ザ ライン（ノーク）
※特に記載のないものはすべて本人私物です。

06
IGETA'S LOVE
FAMILY　いげた家、

とにかく仲良し

お母さん
↓

お父さん →

うわ～

それ懐かし～！

父 "ひろちゃん" って呼びたかった

ベビ弘恵

—— 「弘恵」の名前の由来はなんですか?
父:画数で決めたよね、お姉ちゃんと同じ画数なんですよ。
母:お父さんが「子供に"ひろちゃん"って呼びたい」って言い出してきて!
弘恵:今もお父さんは、ひろちゃんって呼んでいるよね。
父:生まれてから、午前3時くらいまでずっと考えていて、お母さんに提案して、了承を得たって感じだったかな。

いげた家の写真が大量♡

06
IGETA'S LOVE
FAMILY

1 うちの弘恵って

家族が語る!

—— 幼少期の弘恵ちゃん、どんな感じでした?
母:弘恵は赤ちゃんの頃は、全然寝なくて、お姉ちゃんに比べるとすごく手がかかった記憶があります。
姉:なんか、私と違って弘恵は大人たちに立ち向かっていた印象がある(笑)!
母:4歳の入園式の時に、歩いていたら工事現場のおじさんたちが、「お嬢ちゃんかわいいね」って言ってくれたんですよ。そしたら「誰にでも言っとっちゃろ?」って返していて「えーー」ってびっくり衝撃を受けた記憶が(笑)!
父:弘恵は言葉の返しがとにかく面白かったな〜。

母 お姉ちゃんと比べて弘恵はかなりやんちゃ

BALLERINA

姉 弘恵は私の真似ばっかりしてたよね

—— 弘恵ちゃん、小さい頃何してました?
姉:私の真似ばっかりしていた記憶があります! 私が幼稚園に行っている間に、私のミニーマウスのお遊戯会の衣装を着ていたことがあって(笑)。
母:お姉ちゃんがリュックを持っているのが羨ましくて、従兄弟からもらってきたりもしたね。

こっそりお姉ちゃんの衣装を♡

父 母 アトピーや喘息持ちだったから強い子に育てたくて……!

—— 弘恵ちゃん、たくさん習い事をしていたって聞きましたが……!
母:弘恵はアトピーや喘息を持っていたから、丈夫に育ってほしくて、水泳に通わせました。バレエや体操教室も。結果やんちゃに成長したから、男友達と虫取りしたり、竹馬したりしていたね。
父:まだ4歳なのに補助輪なしで自転車に乗れてたよね。
弘恵:お父さんがスパルタすぎたんだよ。スキーも「はい、行っといで〜」って放置気味だったし!
父:お姉ちゃんは丁寧に育てたけど、弘恵は「大丈夫、行ってらっしゃーい」って感じだったね。
母:できるようになったし結果オーライでしょ〜。

メリークリスマス♡

博多のお祭りに参加!

しまじろうが大好き♡

（母）
小学校から連絡が来て……

——小学生でも引き続きやんちゃでしたか？

母：ある日先生から、学校の池に弘恵が落ちたって連絡が入ったんですよ。

弘恵：あったあった、メダカの卵があったから取ろうとしたら落ちたんだ（笑）！ すっごく臭くて保健室でシャワー浴びて、着替えたな〜。

姉：喧嘩もちょこちょこしていたかも。バレエに行く前にかわいいヘアゴムの取り合いとか。

弘恵：でも、そのとき殴り合いみたいな、喧嘩らしい喧嘩をしてないから、今でも二人の喧嘩はなんか淡々としているよね（笑）。

母：静かで怖い喧嘩だね（笑）。

第2回文部科学大臣杯 マナーキッズテニス 全国小学生団体戦
テニスの大会に参加

懐かしのスペースワールド

姉のお誕生日はハードロックカフェ

姫路城も♡

早朝いきなり起こされてスキーに

（父）
家族でたくさん出かけました

——旅行の写真がいっぱいですね！

母：テーマパークとかスキーとか行ったよね。

父：スキーは朝の3時とかに車で出発して、9時くらいから滑って。結構ハードだったね。

弘恵：なんか変だったよね。予告なく、「はい、起きてー」「はい、車乗ってー」みたいな。

父：弘恵は必ず旅行最終日に「帰りたくないー」って泣いてた。

母：でもホテル限定。旅館に泊まった時は泣かない（笑）。

弘恵：家が畳だったからベッドへの憧れがあったんだよ〜！

（父）
こんな子です

こんな手紙が（笑）

——これは弘恵ちゃんの書いた手紙ですか……？

父：弘恵が7歳の時にサンタへ書いた手紙。欲張りな性格が出てますよね（笑）。

弘恵：違うよ、サンタさんに選択肢を与えてあげてるんだってば（笑）！

姉：でも、結局この中から1個ももらえてなくない？

弘恵：そうなんだよ〜（泣）。

（よく おぼえてたねー）

（母）
テニスの試合で
小1の子に負けて
大泣きしてた記憶

——弘恵ちゃんが小学生の頃夢中だったことは？

弘恵：バレエ？ テニスかなー？

母：テニスといえば、弘恵が小学6年生の頃、小学1年生の子に試合で負けて、ボロ泣きしてたよね。サーブ全然入らなかったし。「くやしー」って言って大泣きしてた。

弘恵：あったあった、1年生の子、びっくりしてたよね（笑）。

洋服はほぼお姉ちゃんのお下がり！

上着もお下がり！

気合いの入った運動会

放課後に糸電話を作って遊びました！

ゆるくて楽しかったテニス部

《　中・高校生の弘恵　》

おさげしてました♡

HIROE IGETA

父

高校生活は充実してた印象！

——高校時代は特に何に打ち込んでる様子でしたか？

母：テニスかなぁ？

弘恵：テニス部はめっちゃ楽しかった。青春って感じだったな。あと、運動会の副ブロック長みたいなのをやってて、それもすごく楽しかった。

——芸能活動は高校生時にもされていたんですか？

母：私が勧めたコンテストを受けた後、事務所（現在と同じ）に所属したよね。でも仕事とかはその頃は少ししかしてなかったかな。高校3年間地元でしっかり勉強したら、あとは弘恵の好きにやってもらえればって思ってたから。

弘恵：学校行事も充実してたな〜。

姉：修学旅行とかに行くタイミングでお互い手紙を書いてこっそりバッグに入れていたよね。

父：うちは、手紙のやりとりが多くて、父の日、母の日とか旅行に行ったら旅行先から送るとか、普段言えないこととかを書いて伝えてるんですよ。

陸上部時代！

無事、

卒業しました♡

卒業式に部活の後輩と！

姉

中3の時、弘恵がグレるんじゃないかって本気で心配して（笑）

——高校への進学。弘恵ちゃんの受験時期はどんな感じでしたか？

母：お姉ちゃんも同じ高校だったからその高校だったのかな。

弘恵：内申点悪くなかったから、そんなに大変じゃなかったかも。美術が苦手だったけど先生と仲良くなって5もらってきた（笑）。

父・母：うわ〜世渡り上手！　ずる賢い！

姉：そういえば、お母さん、陸上部の顧問の先生に「この子はグレますよ」って言われてたよね。私も先生と同じこと思ってたかも。弘恵はその頃、陸上（※中学で陸上部に所属）でも後輩に抜かされていたり、中学では反抗があったり、このままじゃいけないって思ったよね。それでファッション雑誌『セブンティーン』のモデルオーディションを受けたんだよね。

母：見ていてかわいそうだったし、何か他のものに向かわせてあげないとなって思った。でもお姉ちゃん、弘恵のことそんな風に考えてあげてたの偉いね。

姉：うーん、私はその頃人生上手くいっていたから余裕があったのかも。

一同：うわ〜性格悪い（笑）！

母

アパレル店員になりたいって言ってたね

——弘恵ちゃんの進路については家族内でどう考えてましたか？

母：高校の三者面談で、弘恵がアパレル店員になりたいって言って。先生が「ちょっと待て、とりあえず進学しよう」って。

弘恵：やりたいことが見つからなくて、アパレル店員が楽しそうだったから。

母：どこかには進学して欲しかったな。でも、そんなこと言いつつ、なんだかんだしっかり勉強してたしテストはしっかり点数取っていたよね。

姉：私が弘恵の通っている塾でバイトしていたから、勉強を教えてあげてたんですよ。

弘恵：なんだかんだお姉ちゃんの教え方が一番分かりやすかった（笑）！

母：東京の大学に進学することになって。地元にいて欲しいとも思ったけど、学校の寮に下宿することになったし、それは安心だったかな。寂しかったけど。

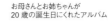

《　大学から今の弘恵　》

母

離れていても、
いげた家は仲良し

――上京後もご家族の仲の良さは変わらず？

母：結構会ってましたね。月1くらいで東京にも行ってたし。そういえば、結婚25周年の時に、お姉ちゃんと弘恵がサプライズしてくれたね。

父：お姉ちゃんと弘恵で、私たちのおそろいのTシャツも作ってくれて。

母：弘恵が20歳の時に、0歳から今までの写真を集めてお姉ちゃんとアルバムを作って渡したんですよ。

弘恵：お姉ちゃんが20歳の時は、私とお母さんとで作ったよね。

――大学の頃からどんどん芸能のお仕事が決まっていくのを見て、どう感じましたか？

母：上京してから、初めに新聞広告の仕事が決まった時に、弘恵から電話がかかってきて、「よかったねー」って喜んだのを覚えています。オーディションにもついて来てって言われたこともあって。ついていったら、「弘恵はこんなところで勝負するんだー」って弘恵の大変さを実感して、えらくかわいそうになりました（笑）。

姉：それがマスクの広告だったんですけど、結果受かって、お母さんは弘恵の広告が入ったマスクをご近所さんに配ってました（笑）。

お母さんとお姉ちゃんが
20歳の誕生日にくれたアルバム

お父さんお母さんの
結婚25周年サプライズ！

家族4人で富士山を見に！

女3人で宮島に旅行♡

成人しました！

20 sai

父

あれよあれよと芸能の
仕事が決まっていって……

――大学生となると、進路も決まる時期ですよね。

母：最初は就職してほしくて1社でも面接受けなさいって言ってました。

父：芸能は厳しい世界だし、弘恵が楽しんでやってくれたら程度に思っていたんですけど、大学3年の時に『ZIP!』出演が決まって、4年の4月には『ゼクシィ』のCMガールも決まって、頑張っている弘恵を見て、就活しなさいってこっちも言えなくなっていって……

母：言えなくなったね、大学も卒業したし、もしダメだったら福岡に帰ってきてそれから考えよう！とにかく弘恵が楽しんで働いてくれたらいいかなって。

姉

弘恵の調子がいい時も
悪い時も、隣には私たちがいるよ！

――お姉さんは弘恵ちゃんが大学生の頃、東京で一緒に住まれていたんですよね。

姉：住む前に、弘恵から仕事が上手くいかなくて「辛い」って何度も呼び出され、ご飯を作りに行ってあげたことがあって。その後弘恵と一緒に住むことになって、弘恵のサポートができるかなって思ったけど、まぁ結構喧嘩したよね（笑）。

弘恵：私が『ZIP!』の撮影で朝起きるのが早かった時、うるさくて寝られなかったらしくて。私が寝ている時にイライラして、真夏日なのにエアコンを消されたんですよ！

姉：弘恵はお風呂掃除とか全然してくれなくて！

母：どんどん喧嘩のネタが出てくるね（笑）。

――頑張っている弘恵ちゃんへ言葉をかけるとしたら……？

姉：弘恵は急に変わっちゃいそうで、心配しているところがあるかも。

母：そうねそうね、こういう仕事はちやほやされるのが当たり前になるから、謙虚な気持ちは家族として持っていて欲しいね。

姉：調子がいい時も悪い時もある仕事だと思うから、本当に大変そうだけど、どんな時も横にいるのは私たち家族だと思うから頼ってほしい。

父：嫌になったら戻ってきてもいいし、弘恵が楽しんでくれるのが一番。

母：元気でやっていてくれたら。

ひろえ

HIROEeeee♡

家族みんなで
作ってくれました♡

茶そばを焼いて〜

お肉をのせて〜

椎茸や卵など他の
具ものせるよ！

まだかな〜

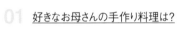

06
IGETA'S LOVE
FAMILY

いげた家名物、瓦そばを食べながら……

久しぶりに食べる〜
いただきまーす♡

HIROE IGETA

2
いげた家のアレコレ話します

01 好きなお母さんの手作り料理は？

鮭のホイル焼き
醤油マヨネーズの味付けが最高！　きの
こと玉ねぎが苦手だったけど、これなら
食べられた！

ハンバーグ
ケチャップとウスターソースを熱して作っ
た特製ソースが好き！

オムハヤシ
卵がとろとろでハヤシライスとの相性が
バツグン。

02 どんなところが両親と似ていると思う？

お父さんにはアウトドアなところと、人を
待てるところ。　お母さんには心配性な
性格と家でじっとしていられないところが
似ているかな。

03 今、家族旅行に行くとしたら
どこに行きたい？

いつも4人でいると、せわしなく買い物
に行ったり、観光地に行ったりしてしま
うので、南国など時間がゆったり流れて
いるところに行って家族4人で何をする
わけでもなくのんびり過ごしたい！

お父さん

仕事で忙しくても家族に大変な姿を見せないところ。自分も仕事を始めてからその姿がいかにすごかったかやっと分かったかも。また、我の強い女3人の中で絶対大変だと思うけどいつも優しい。

お母さん

どんなことがあっても明るくいげた家を盛り上げてくれるところ！ また、1番の味方でいてくれるところ。あとは、何に対してもフレッシュに楽しむことができるのがすごい！

お姉ちゃん

いげた家の中で一番冷静に物事を考えて意見をしてくれるところ。仕事のことや勉強など何か困った時は相談したくなるな。コツコツと地道な努力ができるところは本当に凄いし羨ましく思う！ 自分の夢に向かって実直に頑張っている姿勢には刺激をもらっています！

06 いげた家の「多分、うちだけなのでは？」なルールは？

年越しの瞬間4人で手を繋いでジャンプをすること。昼も夜も1時ちょうどにトイレに入ってはいけない。未だに理由は分からず（笑）。

07 いげた家で喧嘩するとどうなる？
仲直りの方法は？

基本私とお姉ちゃんが喧嘩しているけど、大声でわめいたりというのはなく静かに冷戦が続く感じ。仲直りはどっちかが謝るというよりは2人で話し合って折り合いをつけるか、時間に頼ることが多かったかな。親が介入すると逆に揉めることがあるから、2人の喧嘩は2人で解決させた方がいいということに。

08 いげた家の大事件を教えて！

小学生の頃、私がチーズパンの残りをずっとバッグに入れたまま放置しちゃっていて、気付いたらアリの行列ができてしまっていた！ 私が出かけている間にお母さんたちが撃退してくれました。

05 いげた家でお祝いご飯といえば？

お赤飯 姉の初出勤の時にも作りました。
おうち焼肉 家でホットプレートで食べるのが恒例。

もぐもぐ ♡

やっぱり
瓦そばおいしい…！！

09 いげた家の自慢は？

みんなで喧嘩もたくさんするけど、帰省したら結局いつも4人で一緒にいること。たまに4人でビデオ通話するくらい仲がいいです！

10 お父さんと2人でよく出かけたところは？

あまり2人で出かけた記憶がないんだけど、最近になって一緒に近くのスーパーに買い物に行くようになったかな。

11 いげた家の教育方針って弘恵ちゃんから見て、今思えばなんだった？

やりなさいと言われなかったこと。勉強もやらされているものじゃなく、自分からやりたいと思ってやっていたので苦にならなかったかな。

4

INTERVIEW

INSIDE

今の私の
すべてです。

精神で、「ここで決めないと！」って気負いすることもなかった当時の自分だからこそできたんでしょうね。賞をいただいて福岡に戻って、最初の1週間ぐらいは同級生に声を掛けられたりもしたけど、基本的には何も変わらなかった。ただただ青春を謳歌してました！

その後大学入学と同時に上京して本格的に今の仕事がスタートしました。周りには小さい頃から演技のレッスンを受けてきたような子がたくさんいて、自分ももっと早くから始めればよかったかなって、一瞬だけ後悔しました。でも今振り返ると、彼氏と下校するとか、制服で海に行くとか、反抗期とか、そういうのをちゃんと経験できたから18年間福岡で過ごせて良か

ったなって思います。

上京して最初の1年は、刺激的な毎日で楽しかった！　いろんなオーディションやレッスンを毎週受けるのも楽しかった。その頃はまだ、「芸能一本でやっていこう」という覚悟はなくて、ちょっとした習い事みたいな感覚でした。でも2年目になって、オーディションに受からない時期が続いたとき「どうしよう、このままで私大丈夫なのかな」っていろんなこと考えて落ち込む時期が続きました。私ずっと夢がなかったんです。だからこのまま芸能活動がうまくいかなかったら、他にやりたいこともないしどうしようって。

芸能界に入ったきっかけは、中3の時に『ミス・セブンティーン』のオーディションに応募して2次審査の帰りに今の事務所にスカウトされたこと。その頃部活がうまくいかない時期と反抗期が重なって、母と姉が『このままじゃグレちゃうから、気分転換のためにも何か新しいことをさせた方がいい』って言ってオーディションを勧めてくれたんです。最終審査までは行けなかったけど、こんなにキラキラした世界があるんだって思えたから、受けてよかったなって思います。でもまだ芸能界って私にとっては別世界。もちろん憧れはあったけど、その世界でやっていける自信もなかったし想像もできなかった。オーディションで周りと

自分を比べて、そのあまりの差に、悔しさよりも「この人達と私じゃ次元が違う」っていう諦めに近い気持ちの方が強く出てしまったんです。

高校1年生の時に『ミス・ティーンジャパン』で賞をいただいたときも、少し自信にはなったけど、「運が良かっただけ」としか思えなかった。選考中に特別何かを頑張ったとかもなくて……。最終審査で特技を披露するんですけど、他の方がダンスしたり歌ったりする中、私は本当に何もなくてスピーチをしました。なぜこのオーディションを受けようと思ったか、とか話した気がします。でも今考えるとマイク1本でただ喋るってすごい度胸だなって思う（笑）。当たって砕けろ

その状況を打破するためにできることといったら、毎週ある事務所のレッスンと、オーディションを一生懸命頑張ることしか思いつかなかった。レッスン後にはほぼ必ず事務所の先輩とご飯を食べに行ってたんですけど、どうやったらオーディションに受かるかとかを相談して、時には厳しいこと言われて泣いたりもしました（笑）。

その時期は、自分なりに有名な女優さんの経歴を調べたりオーディションを研究したりするようにしていました。いろんな方のデビューやブレイクの仕方を見ていると、広告のお仕事からスタートしている人が多かったんです。だから私も、今は広告のオーディションを一生懸命頑張ろうと思いました。当初はモデルが1番やりたかったので、広告のお仕事が増えれば知名度も上がって、モデルにも近づける。モデルとしてまた知名度が上がれば、ドラマやバラエティのようなテレビのお仕事にも繋がるかなっていう道筋を立てて。それからは、ちょっと希望が持てました。

そんな時に『ZIP!』のリポーターの仕事が決まったんですけど、それは自分が立てたルートからはいい意味で外れていたから、嬉しい誤算だった（笑）。『ZIP!』に1年間出演させていただいたおかげで、仕事の幅が広がりました。特技に「美味しそうに食べること」と書いているのですが、それは『ZIP!』の食リポをたくさん経験させていただいたおかげかなと思っています。

そして『ZIP!』を卒業したのが大学3年の冬。そのころ周りはちょうど就職活動を始めていました。私昔からどちらかというと周りに合わせるタイプなんですけど、なぜか就職活動だけは自分ごとに思えなかったんですよね。今でもそれは不思議。人と違うことをするのってどちらかというと苦手な方なのに。なんでだろう……やりたいことがなかったからかな。やりたいこともないのに、どこかの企業に属するっていう考えがなかった。あと同じ場所に毎日行くのが嫌だった（笑）。就職している自分も想像できなかったけど、芸能界で活躍してる自分も想像できなかった。何をしようとしてたんだろう、当時の私は（笑）。なんとかなるって思ってたんでしょうね。

高校も、進学校だったから周りは医学部とか国家公務員とか弁護士になるような子がたくさんいたけど、私は進路希望を書かされるたびに違うことを書いてました。高校1年生の時の三者面談で「アパレル店員になりたい」って言った時は先生も親もびっくりしてま

した（笑）。なぜ自分がそこでアパレル店員になりたいって言ったのか全然覚えてない（笑）。当時は服にそこまで興味があるわけでもなかったのに。先生もきっとそんなこと言い出す生徒は初めてだったのか、「そしたら……とりあえず〇〇大学でいいかな？」って言うんですけど、みんな〇〇大って書くならじゃあ私……△△大学で……って、あえてはずしてみたりしました。当時の私って多分あまのじゃくで「こうしなさい」って言われるほど、違うことをやりたくなっちゃってたんでしょうね（笑）。

人と違うことをするのは苦手って言ったけど、今振り返るとそこからもう人と違う道に進み始めていたのかも。あとは、高校に入って一旦、好きだったはずの勉強が嫌いになっちゃったからっていうのもあるかもしれないです。中学の時は受験勉強頑張って、第一志望校に入学できて順調だと思っていました。でもいざ入ってみると自分より賢い人がたくさんいてちょっと挫けちゃったんです。大学も、真っ当に受験するのは無理だと思って推薦枠を選びました。そこで担任の先生が私を推薦してくださったことは本当にありがたかったです。当時は人生どうにかなるって思ってけっこうテキトーに生きてたから、そんな私を支えてくれた家族や先生方には心から感謝しています。

就活は、両親が「みんなやってるから一応やっといたら？」というので一瞬考えはしたけど、そのタイミングで『ゼクシィ』のオーディションに受かったので結局やらずに終わりました。『ゼクシィ』は目標だった広告のお仕事だったので決まった時は嬉しかった。この仕事で生きていくんだという覚悟も決まりました。両親にも自分の口からその覚悟を伝えました。ただ、広告なので1年っていう期限があるんですよね。『ゼクシィ』が終わりに向かうにつれて徐々に「このあとどうしよう」という不安が募っていきました。多分今までの人生で1番精神的に滅入ってた時期だと思う。何もやることがなくなっちゃったんですよね。大学も卒業した頃だったので焦りました。ここまで焦燥感に駆られたのは初めてだった。当時は友達と飲んで酔ったら毎回泣いてた気がする（笑）。これまでのお仕事を通して自信も少しずつついてきたところだったので落ち込みもしました。

『仮面ライダー』のオーディションは、もうこれ以上落ち込みたくなくて「受からないかも」って思うことで気持ちに保険をかけながら受けました。もちろんやれる対策はしっかりやって臨んだけど、変に意気込んだところで受かるわけじゃないってことをそれまでの間に学んだので。一喜一憂する方が心の負担になると。その前にも戦隊モノのオーディションは受けたことがあったんですけど、落ちちゃってたので。だから決まった時は、嬉しい気持ちはもちろんあったけど、これからどうなるんだろうって不安な気持ちもありました。正直、『ゼクシィ』の後にはゴールデンのドラマに出るとか、バラエティー番組にたくさん出るとか、自分が目標にしてきたすごく華やかな世界が待ってる！っていう幻想を抱いていたんです。だからその時、仮面

ライダーとは無縁の世界で生きてきた私は、「ゴールデンじゃないんだ……朝の特撮モノか……」って思っちゃったんです。「朝の時間帯から、ゴールデンの時間帯に戻って来れるのかな」って……。もちろん今は全くそんなこと思ってませんよ！　あくまで当時の私の偏見です！　むしろ、1年半携わらせていただいて、『仮面ライダー』って自分が想像していたよりも遥かに大きくて深い世界で、自分はすごい場所にいたんだなって思います。ただ当時は、未知の世界でやっていけるかっていう不安と、初の女性ライダーということで周りの期待値の高さを感じ、すごいことになるかもしれないっていうざわつきの狭間で揺れていました。

いざ撮影が始まってみると、毎日スケジュールが埋まっていくのは嬉しかったです。でも途中で、肯定的な意見ももちろん入ってくるけど、その分否定的な意見も耳に入ってきて落ち込むこともありました。自分でSNSを見なくても、自然と入ってくるスタッフさんの会話を聞いて凹むこともありました。もちろん私の実力不足もあるんですけど、SNSっていう自分じゃどうにもならないところでの出来事にモヤモヤしてしまいました。お芝居は前にも何度かやっていましたが、ここまで長い期間同じ役を演じたのは初めてだったので、自分の演技がお茶の間にダイレクトに届いて反響が大きい分、難しいこともあるなぁと、打ちのめされそうになりました。それまでちょっとずつ自信がついてきてたのが、一旦ペシャンってゼロの状態になったというか。プライドみたいなのも出てきてた時期だったから、それも潰されて。演技が嫌になったこともありました。だけど自分が表現したものがちゃんと届いてることが目に見えて分かった時は「伝わるってこんなに嬉しいことなんだ」って思えて、また演技が楽しくなった。『仮面ライダー』で一度そうやって自信やプライドがゼロになったことは、今思えばすごくありがたい経験でした。大学1年生でこの仕事を始めたばかりの頃は、できないことが当たり前だったから、もっと勉強しなきゃ、謙虚でいなきゃって思えてた。でも仕事が増えるにつれて、与えられたものに対して「私はこっちの方がやりたいんだ」ってプライドによる反抗心が芽生え始めていたんだと思います。それが良くないことだと気付いて、初心に返ることができました。

『仮面ライダー』が終わった時は、本当に濃厚な1年半だったから、「やっと終わった……」っていう安堵感が1番大きかったです。撮影期間中はどうしても他の仕事がセーブされてしまうから、もっと他の衣装を着たいとか、いろんなメイクがしたいって思ってました（笑）。バラエティの仕事も、もっとたくさんの番組にも出たいって思ったり、今まで以上にいろんな現場に行きたい、いろんなことやりたいって思うようになりました。

私、モデルも演技もバラエティも、全部心から楽しめているんです。何でも、楽しいって思えない限りはどれだけ得意なことも、「私に向いてる！」って思えないと思う。あとはたくさんの人と接することができるのも、楽しいと思える大きな理由の1つです。私すごく気にしぃな性格で、昨日会ってた人が今日元気ないと、「あれ、私何かしたかな？」って思っちゃう。学生のときは学校しかなくて、そんな自分の性格のせいで息苦しくなったりもしたけど、この仕事を始めて毎日違う人と会っていると、そんな風に思うこともないじゃないですか。人の顔色を気にしすぎる必要がないから、メンタルも安定するんですよね。

この仕事を始める前の私って今とは真逆で、いろんな人とコミュニケーションをとることがあまり好きじゃなかったんです。仲のいい友達は1人いれば十分、って思ってた。人に笑顔で接したり、場を和ませたり、みたいなことが苦手だったんです。初対面の人には怖がられるタイプだった（笑）。そんな私を変えてくれたのがこの仕事です。特に今のマネージャーさんとの出会いは大きかったです。現場に行っても自分から挨拶ができなかった私に、「ちゃんと自分から挨拶して！」って、挨拶の仕方とか言葉遣いとか丁寧に指導してくださいました。当時は、なんでこんなにペコペコしなきゃいけないんだとか、なんで私が叱られなきゃいけないんだって不満もあったし、泣かされたこともあったけど（笑）。マネージャーさんにLINE1つ送るのにも緊張してましたね。でも私の根性を叩き直してくださったおかげで、自分から挨拶しちゃった方が楽だし、会話が弾んだ方が楽しい！　っていうマインドに徐々に切り替わっていきました。そこから人と話すことが楽しくなって、人が好きになって、仕事が楽しくなってっていう好循環が生まれました。

ただ私、今でも自分が"芸能人"だって自覚がないんです。仕事が決まるたびに「なんかすいません、私なんかが」って思っちゃう（笑）。1人じゃ何もできない、夢ってなかった私がここまでやってこれたのは、間違いなく周りの方々の支えや協力のおかげです。周りにあたたかい人たちがたくさんいるから、この場所でやりたいことや夢を見つけることもできました。いつ死んでも悔いはないって思えるぐらいありがたい人生です。その感謝の気持ちを、私は一生忘れちゃいけない。ファンの方も優しい方が多いんです。だからこそ、みなさんに応援したい、応援してよかったって思ってもらえるような仕事をすること。周りからたくさんポジティブな気持ちをもらった分、同じだけ、いやそれ以上のものを返していくことが、これからの私の人生における使命だと思っています。そしてこのスタイルブックを通してその感謝の気持ちが少しでも多くの方に伝わればいいなと思います。

裏側 見せちゃいます♡

ドレスみたいでかわいい！

編集部さんと打ち合わせ

私らしいカット撮れたかな〜

お世話になったカメラマンさん

ON / OFF
IGETA

ハンサムレディな自分は新鮮！

カバンはこうやって持つ派（笑）♡

⚠落下注意!!

ひょっこりいけた

HIROE IGETA

ANIMAL

愛おしすぎちゃってこの笑顔……

オーラ漂う圧倒的スタイル

撮影おつかれ様のクレープ♡

久しぶりのテニスで筋肉痛！

SPORTS

OFF SHOT PART.2

空と緑といげたと。

FOOD

に、にんにくもおいしすぎる♡

FAMILY

早く食べた〜い!

Thanks for all …❤

HAY

この仕事を始めた頃は、
　将来自分のスタイルブックを出せるとは
夢にも思っていませんでした。
でも、周りにいる優しくて素敵な方々と、
たくさんの愛とエールを送ってくださる皆様が
　私を新しい世界へ連れていってくださいました。

そんな皆様に恩返しができるように
　　　もっともっと頑張りますので
ここから、また応援していただけると嬉しいです。

　　　　　　　井桁 弘恵
　　　　　　　2021年11月12日

SHOP LIST

アビステ	☎03-3401-7124
エミ ニュウマン新宿店	☎03-6380-1018
ダイアナ 銀座本店	☎03-3573-4005
デサントジャパンお客様相談室	☎0120-46-0310
ノーク	☎03-3669-5205

取 材 先

——

NEST Machida
（薬師グランピング BBQ）

町田薬師池公園四季彩の杜 西園
東京都町田市本町田 3105
☎ 042-851-8942
㊡ 5:00 〜 22：00
㊡ 年末年始

博多とりかわ長政　中野店

東京都中野区中野 5 丁目 56-15-1F NK 店舗 1F
☎ 03-5942-8103
㊡ 月：17:00 〜 22:30、火〜金：17:00 〜 24:00、土：15:00 〜 24:00、日祝：15:00 〜 22:00
㊡ なし

mipig cafe 原宿店

東京都渋谷区神宮前 1-15-4
☎ 03-6384-5899
㊡ 10:00 〜 20:00
㊡ 不定休

原宿かわいい動物園

東京都渋谷区神宮前 1-6-12 ITO ビル 3F
㊟ https://www.harinezumi-cafe.com/doubutsuen/
㊡ 平日：12:00 〜 18:00、土日祝 11:00 〜 18:00
㊡ なし

八王子乗馬倶楽部

東京都八王子市丹木町 1-501
☎ 042-691-1915
㊡ 平日：10：00 〜 17：00、土日祝：9:00 〜 17：00
㊡ 火

A&A 西東京スポーツセンター

東京都西東京市向台町 2-14-37
☎ 042-461-3452
㊡ 月〜土：9:00 〜 20:30、日：9:00 〜 16:30
㊡ 不定休

一般社団法人 日本伝統空手協会 空優会 赤坂教室

東京都港区赤坂 2-20-13-2F
☎ 03-6277-8264
https://kuuyuukai.com/
㊡ 平日：8:00 〜 21:00、土日祝：9:00 〜 18:00
㊡ 不定休（詳しくはHPを参照）

STAFF

PHOTOGRAPHS
_Nobuko Baba<SIGNO>

HAIR&MAKE-UP
_ 野口由佳 <ROI>・COVER,ON,OFF,INSIDE
_ 辻村友貴恵・LOVE

STYLIST
_ 伊東牧子・COVER,ON,OFF,INSIDE

EDIT
_ 葉山佳翔
_ 浜崎惟子
_ 望月麻衣
_ 森河美文

BOOK DESIGN
_ 坪本瑞希　吾郷建哉

ここからいげた

著者・題字　井桁弘恵（いげたひろえ）

発行日　2021 年 12 月 1 日　初版第一刷発行

発行人　加瀬弘忠

発行所　株式会社　文友舎

〒 102-0082 東京都千代田区一番町 29-6

［電話］03-6893-5052（営業）　03-3222-3694（編集部）

www.bunyusha-p.com

印刷所・製本所　DNP 大日本印刷株式会社

ISBN 978-4-86703-807-9